# PETIT BOUQUET

DE

## FLEURS HISTORIQUES

SUR LA

# MAISON DE BROGLIE

CUEILLI PAR E. VEUCLIN

A L'OCCASION DU CONCOURS AGRICOLE

TENU A BROGLIE

LE 14 SEPTEMBRE 1884

BERNAY

IMPRIMÉ PAR V.ᵉ E. VEUCLIN

EN L'AN 1884

(1)

À Monsieur Léopold Delisle
Hommage respectueux de l'auteur
E. Veuclin

# PETIT BOUQUET

DE

## FLEURS HISTORIQUES

SUR LA

# MAISON DE BROGLIE

CUEILLI PAR E. VEUCLIN

A L'OCCASION DU CONCOURS AGRICOLE

TENU A BROGLIE

LE 14 SEPTEMBRE 1884

BERNAY

IMPRIMÉ PAR Y. E. YEUCLIN

EN L'AN 1884

BIBLIOTHÈQUE NATIONALE — DELISLE-BURNOUF — N° 2 — MANUSCRITS

# INTRODUCTION

Le 20 avril 1884, à la séance de la Société libre de l'Eure (section de Bernay), et à l'occasion du Concours qui doit avoir lieu le 14 septembre prochain, à Broglie, M. Durand, au nom de la commission municipale d'organisation, a décliné la possibilité de prendre aucun engagement à cause des élections du 4 mai qui peuvent apporter des changements dans les éléments du conseil municipal actuel.

Nous avons la confiance que les craintes de M. Durand ne sont point fondées et que, en ce qui concerne l'éminent chef de la municipalité de Broglie, les sages et intelligents habitants de ce joli bourg auront à cœur de continuer une tradition qui fait honneur à l'esprit local et qui est constatée par des documents inédits que nous avons recueillis et que nous sommes heureux de mettre en évidence.

## I

Le bourg de BROGLIE, on le sait, portait autrefois le nom de CHAMBRAIS. Ce qu'on sait moins c'est que, en 1716, François-Marie de Broglie (1), ayant acquis la baronnie de Ferrières, son chef-lieu, Chambrais, prit officiellement, en 1743, le nom de l'illustre famille qui le possédait et en faveur de laquelle cet important domaine avait été érigé en duché l'année précédente.

Nous verrons plus loin quel prix les habitants de Broglie, à diverses époques, attachaient à ce nouveau et glorieux nom donné à leur bourgade.

Le titre suivants signale l'origine de ce constant attachement, mais sans en spécifier les motifs ; nous les verrons ensuite.

En 1782, les exigences vexatoires du fournier du four à ban (segineurial) provoquèrent un procès avec un certain nombre de bourgeois de Broglie ; or, dans un de leurs mémoires on lit: «... Les ha-

(1) « Haut et puissant seigʳ Messire François « De Broglie, comte de Buhy, lieutenant géné- « ral des armées de France, directeur général « de la cavalerie et dragons, gouverneur du « Mont-Dauphin, sire et baron de Ferrières, « Chambrois, Auquainville, le Hamel, la Forge « et autres lieux. » *Comptes de Mathurin Pimort, échevin de la Charité du bourg et paroisse de St Martin de Chambrois, 1715-1716.* (Coll. Veuclin.)

« bitans ont l'avantage de voir encore
« autour de leur bourg quelques ruines de
« vieux murs qui enfermaient l'enceinte et
« lequel domine le château de leur sei-
« gneur, environné de grands fossés. Ce
« château servit-il autrefois de fort à leurs
« pères, et ses murs furent-ils construits
« pour leur sûreté aux dépens de leur ba-
« ron? Quand le fournier assure qu'oui,
« il a sans doute de bonnes preuves de
« tout cela, ne fut-ce que par la tradition :
« mais si nos anciens barons furent utiles
« à leurs hommes, ceux-ci furent-ils inuti-
« les à leurs barons? Si les matériaux fu-
« rent fournis des deniers des uns, les au-
« tres purent bien payer la main-d'œu-
« vre de leurs sueurs, et le plus puissant
« ne fut probablement pas mal servi.
« Pour nous qui ne lisons pas si loin dans
« le passé, *nous respectons bien sincère-*
« *ment notre seigneur (1), sans songer mê-*
« *me aux bienfaits de ses auteurs envers*
« *nos pères, et nous connaissons trop la*
« *bonté de son cœur* pour croire qu'il juge,
« pour gage de notre respect, que nous
« souffrions sans nous plaindre les vexa-
« tions de son fournier. (2) »

---

(1) Victor-François, duc de Broglie, fils du
précédent et comme lui maréchal de France.

(2) Bourgeois en cause : — Alexis Clologe ;
Pierre, Jean et Bonaventure Baudrouet, frères,
marchands ; André Danois, marchand ; Henri
Dutrosne, id. ; Jean Morard et René Blondel,
tailleurs d'habits ; Michel Mouchet et Mathieu
Gamare, aubergistes ; Pierre Semalai et Pierre

Ce profond sentiment de respect et de gratitude envers la famille de Broglie, se manifesta surtout lors qu'éclata la Révolution et nous avons déjà eu le plaisir de le constater dans des documents contemporains relatifs à la translation à Bernay, en 1789, des huit canons donnés par Louis XV au maréchal de Broglie, aussi vaillant que bon (1).

Voici d'autres témoignages :

Bien que le décret du 20 juin 1790 ait autorisé toutes les localités auxquelles les ci-devant seigneurs avaient donné leur nom à reprendre leurs noms anciens ; bien que la famille de Broglie ne soit plus là pour faire le bien autour d'elle, il fallut les horreurs de 93 pour obliger les habitants, peu révolutionnaires (2) à rendre à leur

---

Leguay, cordonniers ; Nicolas Lieuvin. tourneur ; Pierre Duval, jaugeur ; Jean le Normand, toilier ; Jean Blondel, perruquier ; Jacques Maroquesne, maçon ; Pierre Pichot, marchand boucher. — Ce procès, fort intéressant pour l'histoire locale, durait encore en 1785. [Titres de la haute justice de Ferrières, déposés au greffe civil de Bernay et actuellement aux Archives départementales.]

(1) Ces documents, qui sont aux archives municipales de Bernay (Affaires militaires), ont été publiés, en 1881, dans le " Bernayen " et dans notre notice : *Les huit canons du château de Broglie.*

(2) Le 15 thermidor an III (2 août 1795) Léonor Fournier âgé de 81 ans, curé de Broglie avant la Révolution. puis déporté, déclare qu'il se propose d'exercer à nouveau le culte catholique dans cette localité. — Le 29 brumaire an IV (20 novembre 1795), les habitants de Chambrois,

bourg son ancienne dénomination de Chambrais qu'il conserva jusqu'au commencement du mois d'août 1814.

Mais, dès 1806, la population, par une pétition adressée, le 8 novembre, au préfet par le sieur Bunel (1), avait reclamé la reprise du nom de BROGLIE, et ce vœu populaire fut renouvellé en 1809, par le conseil municipal qui le formula, le 15 mai, dans les termes suivants :

« ... Louis XV, en récompense des ser-
« vices rendus à l'Etat par François-Marie
« de Broglie, érigea la terre de Broglie
« en duché et ce bourg prit ce nom sous
« lequel par les bienfaits de Messieurs les
« Maréchaux de Broglie il a prospéré et
« s'est accru. Le souvenir de ces bienfaits
« n'est point effacé du cœur des habitants

« désirant se réunir les jours consacrés à faire
« les cérémonies de la religion catholique dans
« laquelle ils sont nés, reclament la ci-devant
« église du lieu et le cimetière. » Cette supplique est signée de : Jean Blondel ; Desruault : Léonor Blondel ; René Blondel ; J. Morard ; J.-Bte Deschamps ; J Beaudrouet ; Fois Glatigny ; Léonord Beaudrouet ; H. Dectot ; Duclos ; Dutrone ; Dutrone fils ; Beaudrouet ; Jean Gontier ; Dumât ; Jean Desmoulins, fils ; M. Urset ; André Bonnegent ; M. Harel ; J. Beaudrouet ; Jean Ruault ; M. Harel, fils ; P. Duval ; Charles Deschamps ; Jacques Lefrançois ; Augustin Amelot ; Pierre Jouvin ; P. Letailleur ; Jacques Bret. (*Registre de la municipalité*).

(1) Me Jacques-Léonor Bunel, avocat au Parlement, en 1785, et maire de Chambrois, à la fin de l'an III.

« de ce bourg et particulièrement de celui
« des membres du Conseil (1). En consé-
« quence tous désirent voir reprendre à
« ce bourg le nom de Broglie, la recon-
« naissance les y porte...... (2) »

En effet, bien que fixée à Chambrais
depuis trois-quarts de siècle seulement,
en 1809, la famille de Broglie avait droit,
par des raisons nombreuses, à la reconnaissance des habitants de ce lieu.

Nous allons en retracer rapidement les
raisons principales, en commençant par
celles qui contribuèrent particulièrement
à l'accroissement de ce petit bourg.

---

(1) Le conseil municipal de 1809 était compo-
sé de : MM. Auzoux maire ; Fleury, adjoint ; Mo-
rel ; Jean Beaudrouet ; Nicolas Julien Lamarre ;
Etienne-Michel Gibourdel ; Charles Descourtis ;
Nicolas Descourtis ; Henry Dutrone ; Patrice
Cécire ; Vauquelin ; Dumast.

M. Achille-Léonie-Victor de Broglie, père
du duc actuel, était alors le châtelain du bourg

(2) Pour appuyer son vœu, la municipalité fait
ensuite valoir les méprises causées par la simi-
litude des noms de Chambrois, Chambrai et
Chamboi. Cette délibération porte 8 signatures.
3 conseillers étaient absents.

## II

Vers 1730, sur l'emplacement de l'antique forteresse de Chambrais, le second maréchal de Broglie fit bâtir le château que l'on voit aujourd'hui ; or, il est incontestable que cette importante construction fit grand bien non seulement à tous les corps de métier du pays, mais aussi à tous les marchands de la localité.

Les constructions élevées sur les fiefs du domaine (1) produisirent les mêmes avantages à ces artisans et à ces boutiquiers locaux.

Et, lorsque, vers 1735, la famille de Broglie vint s'installer en son nouveau château de Chambrais, où elle résida constamment jusqu'à la Révolution, on comprend que les seules dépenses du seigneur et de ses nombreux serviteurs étaient de nature à augmenter la prospérité commerciale et industrielle du bourg et des paroisses voisines, lesquelles trouvaient un écoulement facile et rémunérateur de leurs denrées au marché du vendredi (2).

---

(1) En 1793, 9 fermes, une grosse forge, 5 moulins, etc., dépendaient, dans la contrée, du domaine de Broglie et furent confisqués.

(2) En 1604, il y avait marché le lundi et le vendredi de chaque semaine, et il s'y tenait trois foires annuelles. (*Aveu de Charlotte des Ursins*).

Voici quelques prix anciens à Broglie : 1746, 500 bottes de chaume, 36 livres ; payé au couvreur qui les a employés, 15 liv. 7 sols ; 800 de

Les fréquentes visites faites aux illustres châtelains de Broglie par la plus haute noblesse de la région, en ces temps où les routes étaient si mauvaises, offraient aussi de la besogne assurée et bien payée : c'était des chevaux à ferrer, des équipages à réparer, des valets à héberger, etc., etc., toutes choses fort lucratives qui attirèrent à Chambrais des gens de métier de toutes sortes (1).

C'était surtout lors qu'avait lieu le baptême des enfants de leurs éminents seigneurs que les habitants de Broglie profitaient le plus de ces fastueuses visites. Pour s'en convaincre, voici les noms de quelques-uns des hauts personnages présents aux cérémonies suivantes, faites à Broglie.

1762, 31 octobre. — Baptême de Auguste-Joseph de Broglie, fils de Victor-François, duc de Broglie (2) et de Louise-

---

pavé de 6 pouces, 15 liv.; 1755, 250 bottes de chaume, 20 liv.; 1771, la tourte de 12 livres de gros pain, 20 sols, et le pain blanc 3 sols 3 deniers la livre; 1774, le journalier qui se nourrit est payé 20 sols; 1785, le cent de bourrées, compris le charroi, 15 livres ou 3 sols la bourrée.

Le boisseau de la halle de Broglie était plus grand que celui de la halle de Bernay.

(1) A la fin du 18e siècle, il y avait plusieurs auberges, notamment celle du *Vert-Buisson* et celle du *Cheval Blanc.*

Broglie renfermait alors 940 habitants.

(2) Prince du Saint-Empire Romain, maréchal de France, chevalier des ordres du roi, gouverneur des ville et château de Béthune.

Augustine Salbigoton de Crozat de Thiers.
Signèrent au registre de catholicité:
Joseph-Amédée de Broglie, évêque d'Angoulême (*parrain*).
Louise-Auguste de Montmorency (*marraine*), épouse de Charles, comte de Broglie.
Le comte de Broglie.
L'abbé de Broglie (1).
Marie-Thérèze de Broglie, c^{tesse} de Lameth.
Françoise de Rumare.
L'abbé de Beaumont d'Antichamp.
Cernières.
Jeanne-Françoise-Renée Le Filleul de S^t-Vincent.
Du Mesnil au Vicomte.
Louis-Alexandre le Huré de Cernières.
Le maréchal-duc de Broglie (*père de l'enfant*).

1764. 19 juin. — Baptême de Adelaïde-François de Broglie, fils des précédents.
Signèrent au registre :
Jean-Thérèze-Louis de Beaumont marquis d'Antichamp, (*parrain*).
Marie-Françoise Foucques de la Pilette, (*marraine*).
Cernières.
Le chevalier d'Antichamp.
De Bonnevaux.

_____

(1) Charles de Broglie, frère du maréchal, né en 1733, pair de France en 1771, décédé à la fleur de l'âge, évêque de Noyon, au moment d'être nommé cardinal à la présentation du roi de Pologne. Nous le retrouverons deux fois parrain.

Le duc de Gournay.

Le maréchal-duc de Broglie.

1766, 6 septembre. — Baptême de Maurice-Jean-Magdeleine de Broglie (1), fils des précédents.

Signèrent au registre :

Jean-Baptiste de Boschenry, baron de Drucourt, (*parrain*).

Magdelaine le Gendre (*marraine*), épouse de Marc-Antoine le Pellerin marquis de Gauville.

M. F. Fouques de la Pilette.

Charles-Louis de Foucques.

De la Pilette Lamare.

Victor de Broglie (2),

Le Loureux de Vigny.

De Bonnevaux.

Jean-Baptiste Bernardin le ch<sup>er</sup> du Prail.

Le maréchal-duc de Broglie.

Les 24 mai 1768, 1<sup>er</sup> octobre 1770, 21 septembre 1771, eurent lieu, à Broglie, le baptême des autres enfants du maréchal (3) ; à ces joyeuses cérémonies nous

(1) Maurice-Jean-Magdeleine, célèbre par ses vertus et la fermeté de son caractère, fut évêque de Gand ; il mourut en 1821.

(2) Charles-Louis-Victor, frère de l'enfant, né en 1757, célèbre par ses idées libérales, fut une des nombreuses victimes de la Révolution qu'il avait cependant saluée avec enthousiasme, étant député aux Etats-Généraux ; il fut injustement guillotiné en 1794.

(3) 1768. Aglaé-Louise-Françoise. — 1770 Eugène-Marie-Victor. — 1771. Aglaé-Charlotte-Marie.

trouvons toujours, sur le registre, paroissial, les plus grands noms de la région (1) et parmi eux les suivants, appartenant aux proches parents des enfants baptisés :

1768. — Louise-Augustine-Thérèse de Broglie (2), épouse de Louis-Etienne-François comte de Damas de Crux.

1770. — Elzéar-Marie-Joseph-Charles, vicomte de Broglie, (*parrain*).

Marie-Thérèse de Broglie (*marraine*) (3) veuve de Louis-Charles comte de Lameth.

Le comte de Revel (4).

1771. — Charles de Broglie, pair de France, évêque et comte de Noyon, (*parrain représenté.*)

Louise-Mari : Denis de Lansac vicomtesse de Broglie. (*marraine*).

Aucun des mariages contractés par les nombreux enfants du troisième maréchal de Broglie (5) ne fut célébré dans notre bourg ; mais il est certain que les visites

---

(1) 1768. M. F. Foucques de la Pilette. D'Aguesssau. — 1770. J P. Jarla : Delahaye du Merle. l'abbé le Huyer de 'a Hamonnais, préceptr du comte de Revol. du Merle. l'abbé de Maison. — 1771. Du Chatel. F. C. de Gaillarbois de Marcouville. Damass, vicaire-général du diocèse d'Evreux, baptise l'enfant

(2) Une des 4 filles du maréchal, issue de son premier mariage avec Marie du Bois de Villers.

(3) Marie-Thérèse était la sœur du maréchal.

(4) Probablement Charles-François de Broglie, frère du maréchal.

(5) Ils s'allièrent aux : de Rosen, de la Brosse de Vertillac, de Montreuil, de Hamerstadt, de Roeert, de Murat, de Damas-Crux, etc.

de noces des nouveaux époux donnaient
lieu à des fêtes et à des largesses qui pro-
curaient à tous les habitants agrément et
profit.

Les princières parties de chasse dans la
giboyeuse forêt du domaine (1) apportaient
aussi périodiquement des éléments de ri-
chesse au bourg de Broglie.

La mort même de l'un des membres de
cette puissante et estimée famille, si elle
était un deuil populaire, était aussi pour
la localité un sujet de bienfaits à cause de
la grande affluence de riches personnages
assistant aux pompeuses funérailles des
nobles défunts (2).

Ceci nous amène à parler d'un fait qui
contribua beaucoup à l'agrandissement
du bourg de Broglie : c'est le déplace-
mentdu cimetière qui, il y a un siècle, en-
tourait l'antique église Saint-Martin et fut
supprimé, étant devenu insuffisant, par
suite des divers arrêts défendant express-
sément d'enterrer dans les églises et de
conserver les cimetières dans l'enceinte

---

(1) Anciennement appelée *Buisson Conilafle*,
cette forêt s'étendait, pour la plus grande partie, sur le Bosc-Morel. En 1793, cette partie
formait 970 acres de bois qui furent confisquées.

(2) Furent inhumés dans le chœur de l'église
du lieu : 22 mars 1745 le comte de Buhy, âgé
de 74 ans. — 6 décembre 1771, l'enfant du comte de Damas-Crux, né la veille ; huit jours plus
tard, la comtesse de Damas-Crux, née de Broglie, mère du dit enfant. — 4 juillet 1776, deux
jumeaux, nés de la veille, enfants du maréchal.

des maisons (1).

Or, dans cette circonstance, le maréchal de Broglie marqua encore sa générosité et sa bienveillance en offrant gratuitement le terrain nécessaire pour établir un nouveau cimetière (2).

A cet effet, les paroissiens de Broglie s'assemblèrent, le 31 juillet 1785 et le 2 avril 1786 (3) ; ils acceptèrent avec reconnaissance l'offre de leur seigneur et, le dimanche 23 septembre de la dite année, eut lieu la bénédiction solennelle du nouveau cimetière par François-Joseph Collignon, vicaire-général du diocèse de Lisieux, « en présence du curé et du clergé « de la paroisse, et de Monseigneur le M<sup>al</sup> « duc de Broglie, Messeigneurs Charles « et Maurice princes et abbés de Broglie, « Messires Billy et Barbier, prêtres, leurs « instituteurs, et d'un grand nombre de « personnes. (4). »

Depuis cette époque, la plupart des descendants de l'éminent donateur ont été

---

(1) 1776. Déclaration du Roi. — 1781, 23 juillet. Arrêt de la Cour de Parlem<sup>t</sup> de Rouen, etc. L'ancien cimetière contenait 13 perches un tiers en dedans des murs. 178 inhumations en 10 ans.

(2) Cette portion de terrain offerte contenait 80 perches ; elle s'étendait jusqu'au chemin de Grandcamp.

(3) Titres de la haute-justice du lieu.

(4) Registre paroissial. — La première inhumation eut lieu le 5 octobre 1786 ; ce fut celle d'un enfant de 4 ans, François-Henri Dectot.

inhumés dans ce champ funèbre (1) au milieu duquel s'élève la masssive croix de l'ancien cimetière supprimé (2).

C'était aussi le maréchal de Broglie qui se chargeait des frais de l'instruction donnée aux enfants du bourg et des paroisses voisines, et parmi ses biens confisqués en 1793, on trouve : « une maison occupée ci-devant par le maître d'école (3).

## III

En plus des considérations d'intérêt général dont nous avons signalé les principales, les puissants et bienveillants châtelains de Broglie s'attachaient par des liens plus intimes leurs vassaux, qu'ils traitaient en véritables amis, en égaux.

---

(1) Neuf tombes existent actuellement dans le terrain réservé à la famille de Broglie.

(2) Cette croix est en grès. Le 2 octobre 1746, la Charité décide qu'une somme de 60 livres vertira à aider à avoir une croix dans le cimetière, et, dans son compte pour 1745-1746, l'échevin de cette confrérie déclare avoir payé la dite somme à Jean Maroquesne, maçon.

(3) Les écoles de la baronnie de Ferrières sont citées dans l'aveu de 1604.

Le 1er germinal an 3, François Deraine, instituteur, et Marie-Françoise Rouvin, son épouse, ouvrent, à Chambrais, une école pour Chambrais, la Trinité, le Chamblac, le Bosc-Morel et Vincent-la-Rivière. Leur traitement, payé par l'Etat, était, par trimestre, de 300 francs pour l'homme et de 250 pour la femme.

On trouve la preuve de ce sentiment de sympathie réciproque dans ce fait caractéristique, fréquemment répété, que les membres de la famille de Broglie aimaient à tenir sur les fonts baptismaux les nouveaux-nés de leurs serviteurs et des bourgeois.

Pour ne pas allonger notre récit, nous citerons seulement ce qui se passa, à ce sujet, en 1786-1787 :

1786. — Le 13 mars, l'enfant de Jean-François Dubois, *piqueur* du maréchal, a pour marraine : Adelaïde-Françoise princesse de Broglie, marquise de Boissy (1).

Le 13 mai, la fille de Jean Duclos, *marchand*, a pour parrain : Charles-Louis-Victor prince de Broglie, colonel-commandant du régiment de Bourbonnais ; marraine : Françoise-Adelaïde princesse de Broglie, épouse du marquis de Boissy.

Le 23 du même mois, le fils de Jean Beaudrouet *marchand de toiles*, a pour parrain : Auguste-Joseph prince de Broglie, prince de Revel, mestre de camp en second au régiment d'infanterie de la couronne ; marraine : Charlotte-Amédée Salbigothon, princesse de Broglie, épouse du comte d'Helmstat.

Le 4 août, le fils de Charles Houdmer, *postillon* du maréchal-duc, a pour parrain :

---

(1) Le parrain était Alexandre-François-Marie Le Filleul, comte de la Chapelle (Gauthier), marquis de Montreuil, seig<sup>r</sup> de Réville, etc.

BIBLIOTHÈQUE NATIONALE — DON BELISLE-BURNOUF — N° — MANUSCRITS

Maurice-Jean-Madeleine prince-abbé de Broglie ; marraine : Françoise-Louise-Angélique de la Brousse de Verteillac, épouse de Auguste-Louis-Joseph de Broglie, prince de Revel.

1787. — Le 8 avril, l'enfant de Pierre-Nicolas Cauvin, *marchand*, a pour parrain : l'abbé Charles-Louis-Victor de Broglie, prince du Saint-Empire ; marraine : la marquise de Boissy, ci-dessus nommée.

Le 16 octobre, la fille de M<sup>e</sup> Nicolas-Julien Delamare, *chirurgien*, a pour parrain : Victor-Amédée-Marie de Broglie ; marraine : Aglaé-Charlotte-Marie de Broglie.

Le 12 décembre, l'enfant de Jean-Christophe Kreschel, *garde général*, a pour parrain : Auguste-Joseph de Broglie de Revel ; marraine : Françoise-Louise de la Brousse de Vertillac, épouse du prince de Revel,

Le 31 décembre, l'enfant de Pierre-Jacques Desrats, *valet de chambre* du maréchal, a pour parrain : Victor-François duc de Broglie ; marraine : Louise-Augustine Salbigothon de Crosat de Thiers, épouse du maréchal-duc.

Inutile de faire ressortir les avantages de toute nature qui résultaient, pour les parents et pour les enfants, de l'honneur d'avoir de tels parrains et marraines.

Ce fut surtout avons-nous dit, lorsqu'éclata la Révolution que se manifesta la reconnaissance des habitants de Broglie envers leur aimé seigneur et son aimable famille.

Ceci est attesté dans la lettre que les princes Maurice et Victor écrivirent à la municipalité de Bernay, le 28 juillet 1789, à propos des huit canons de leur château. « Leur déplacement, disent-ils, pourroit « affecter particulièrement les habitans de « Broglie, qui pourroient croire qu'on sus- « pecteroit leur fidélité, *dont ils nous ont* « *donné dans le moment présent les mar-* « *ques les moins équivoques* (1). »

Le dévouement de leurs serviteurs. fut à la hauteur de la grande bonté des membres de la famille de Broglie. Les deux faits suivants le constatent suffisamment:

Lorsque les événements eurent forcé le maréchal à s'expatrier, il fut suivi par un de ses domestiques, Nicolas Gallot, lequel fut porté sur la liste des émigrés, en 1794, comme absent depuis 1791 (2).

Un arrêté du Comité de sûreté générale et de surveillance de la Convention nationale, du 10 frimaire an 2 (30 novembre 1793), ordonne que Claude Jolly, ancien concierge de l'émigré Broglie, sera mené sous bonne et sûre garde au Comité de sûreté générale de la Convention ; que perquisition et actes seront faites de ses papiers et que ceux qui paraîtraient suspects seraient envoyés au dit Comité ain-

_______________

(1) Voir notre notice sur ces huit canons.
(2) Archives mun. de Bernay, s⁰ I. *Police.*

si que trois registres trouvés cachés chez
le dit Jolly, sous le double fond d'une bar-
rique, lesquels registres contenaient la liste d'effets appartenantà l'émigré Broglie.

Le Comité de surveillance de Bernay
exécute cet arrêt les quintidi et sextidi de
la 2ᵉ décade de frimaire ; et le malheureux
Jolly, d'abord détenu en la maison d'arrêt du district, puis transféré à Paris (1),
paya probablement de sa vie sa fidélité à
son maître.

Ce n'était pas seulement à Broglie, à
Saint-Hilaire-de-Ferrières, à Notre-Dame-
des-Jonquerêts (2), à Saint-Aubin-du-
Thenney (3) et dans les autres paroisses
relevant du dûché de Broglie que la famille de ce nom rencontrait, au siècle
dernier, le respect et la vénération dus à
à son immense bonté. A Bernay même,
ville cependant hostile aux prérogatives
féodales et aristocratiques, les de Broglie
y jouissaient aussi d'une haute estime,
surtout parmi le peuple ; aussi, vit-on,
le 16 octobre 1771, des réjouissances pu-
bliques signaler l'arrivée du maréchal de

---

(1) Arch. mun. de Bernay. Sⁱᵉ I. *Police génér*ᵗᶜ
(2) Le 10 juin 1883, M. le duc Albert de Broglie a nommé, avec Mᵐᵉ Niel, la nouvelle clo-
che de cette paroisse que ses aïeux avaient, dans
des temps très reculés, doté d'une école et d'u-
ne horloge. [Voir le *Bernayen* du 16 juin 1883.]
[3] Le prince Victor de Broglie, fils aîné du
duc Albert, a été réélu maire de cette commu-
ne lors des élections municipales de 1884.

Broglie (1) dans la cité bernayenne où il fut reçu au bruit du canon (2).

Nous trouvons encore des preuves du sentiment de la population de Bernay envers le maréchal dans ce fait important : En 1782, une des principales hôtelleries locales, exploitée par un sieur Bliard, portait pour enseigne : « A L'EQUERRE ET AUX ARMES DE M. LE MARÉCHAL DE BROGLIE (3).

Enfin, la correspondance échangée, en 1789, entre la municipalité de Bernay et les trois princes de Broglie, à propos de la translation de l'artillerie du château de leur père, témoigne à chaque page de la confiance de ces derniers aux protestations de dévouement et d'intérêt faites, au nom de la ville toute entière, par ses représentants.

---

(1) Le maréchal était alors gouverneur de Béthune, mais il habitait son château de Broglie.

(2) Il fut tiré huit coups de canon probablement en mémoire du même nombre de pièces d'artillerie données en récompense au vaillant maréchal par Louis XV. Il fut brûlé 18 livres de poudre à tirer, à 31 sols la livre. [*Arch. de Bernay. — Octroi*].

(3) Titres du siège de Police de Bernay. — Cette auberge formait l'équerre de la rue au Feurre avec la rue de l'Aître.

En présence des témoignages irrécusables fournis par tant de documents authentiques et confirmés par une tradition des plus vivaces, on se demande comment il a pu se trouver, à Bernay surtout, des misérables assez éhontés pour oser, dans d'odieux pamphlets, traîner dans la boue la mémoire vénérée des anciens seigneurs de Broglie, pour oser attaquer sans pudeur « le descendant de cette grande « race qui porte si noblement un nom « illustre entre tous (1) . »

Nous-mêmes avons été attaqué dans un de ces vils pamphlets (2). Or, être insulté en si belle compagnie est un honneur qui compense moralement les rigueurs exagérées de la condamnation haineuse qu'a obtenue contre nous ce lâche insulteur que nous avons, dans notre journal, souffleté à notre corps défendant et en défendant nos amis.

Notre illustre compatriote, est-il besoin de le dire, a été le premier vengé.

E. VEUCLIN.

---

(1) Paroles de M. Raoul Duval, député de Bernay, au banquet de Giverville, où assistait M. le duc de Broglie, sénateur, le 29 juin 1884.

(2) *La Mosaïque poétique*, par C. Laurent, 1883. — Le premier pamphlet, intitulé : *Le bon vieux temps*, a été publié, en 1876, par Alex. Gardin.

# AUGUSTIN FRESNEL

## ET LA MAISON DE BROGLIE

Il y a quatre-vingt seize ans, naissait dans le bourg de Broglie, à deux pas de l'Eglise (1), un enfant dont voici l'acte de baptême :

1788. — Ce jourd'hui dixième jour de Mai an susdit, a été baptisé par moi curé de ce lieu, un fils né de ce jour, en et du légitime mariage du s<sup>r</sup> Jacques Fresnel, architecte demeurant sur cette paroisse, et de D<sup>e</sup> Augustine Charlotte Marguerite Marie Louise Mérimée. Le Parein le s<sup>r</sup> Jean Fraučois Mérimée, clerc de l'Académie Royale de Peinture (2), représenté par M<sup>e</sup> François Marie Mérimée, avocat. La mareine D<sup>elle</sup> Jeanne Catherine Fresnel ; Le dit enfant nommé **Augustin Jean** par la mareine qui, avec le dit s<sup>r</sup> Mérimée avocat, a signé le présent acte.

Le jeune Fresnel usa ses premières culottes sur les bancs de l'école primaire du lieu de sa naissance, et, de même que la plupart des intelligences supérieures, il fit le désespoir de son premier instituteur, François Deraine.

« Augustin Fresnel fut d'abord un enfant paresseux ; il était à l'école le dernier de sa classe. Mais il ne tarda pas à

_____

(1) Dans la maison faisant l'angle de la route de Bernay avec la rue du Pont-Martelet.

(2) Ce Mérimée, né à Montreuil-l'Argillé, fut un peintre distingué et un habile chimiste. Il est mort, à Paris, en 1836.

comprendre qu'on n'arrive à rien dans la vie sans travail, et bientôt il travailla avec tant d'ardeur pour réparer le temps perdu qu'à l'âge de seize ans et demi il entrait l'un des premiers à l'école polytechnique.

» Il en sortit à dix-neuf ans, avec le titre d'ingénieur des ponts et chaussées. Bientôt, il fut grand bruit dans le monde savant des découvertes faites par un jeune physicien sur la lumière et la marche des rayons lumineux. C'était Fresnel, qui, grâce à ces découvertes, put plus tard perfectionner l'éclairage des phares. Avant lui, la lampe des phares n'avait qu'une faible lumière, qui ne s'apercevait pas d'assez loin sur les flots, et les naufrages étaient encore fréquents. Fresnel sut multiplier la lumière de cette lampe en l'entourant de verres savamment taillés et de miroirs de toute sorte.

« C'est la France, a dit un de nos écrivains, qui, après ses grandes guerres, inventa ces nouveaux arts de la lumière et les appliqua au salut de la vie humaine. Armée du rayon de Fresnel, de cette lampe forte comme quatre mille et qu'on voit à douze lieues, elle se fit une ceinture de ces puissantes flammes qui entrecroisent leurs lueurs. Les ténèbres disparurent de la face de nos mers. Qui peut dire combien d'hommes et de vaisseaux sauvent les phares ? (1) »

_______________

(1) Extrait d'un de nos meilleurs livres sco-

Miné par le travail, Augustin Fresnel mourut à Ville-d'Avray, le 14 juillet 1827; il était donc dans sa quarantième année.

Après sa mort, son buste ou son nom furent bientôt placés à côté de ceux de nos plus grandes illustrations scientifiques françaises.

Seul, son bourg natal semblait avoir perdu son souvenir, et ce ne fut qu'en juillet 1868 qu'un jeune ingénieur (1), étranger au pays et nouvellement installé à Bernay, prit l'initiative d'une souscription destinée à ériger, à Broglie, un monument en l'honneur de Fresnel. Ce monument, conçu et exécuté artistement (5), était enrichi du buste en bronze du célèbre physicien, et l'inauguration solennelle devait en être faite en septembre de la dite année. Mais des circonstances imprévues, auxquelles la politique ne fut probablement pas étrangère, empêchèrent cette cérémonie que patronaient hautement les éminents châtelains de Broglie (3).

---

laires modernes : *Le Tour de la France par deux enfants*, par G. Bruno ; — 1883, 98ᵉ édition.

(1) M. de Montaut, ingénieur distingué des ponts et chaussées.

(2) M. Herquelle, marbrier-sculpteur, alors récemment établi à Bernay, fit, sur un simple croquis de M. de Montaut, ce beau monument.

(3) Achile-Léonie-Victor duc de Broglie, décédé 16 mois plus tard ; Albert prince de Broglie, son fils, alors académicien depuis 1862.

Survinrent la guerre et les changements d'administration locale, pendant lesquels buste et monument subirent des pérégrinations dommageables qui firent totalement oublier Augustin Fresnel.

Cependant, en janvier 1881, un article publié dans notre journal (1) rappelait à la mémoire des habitants de Broglie l'illustre oublié et le monument qui lui avait été destiné treize ans auparavant.

Cet appel fut vain ; mais enfin, après une nouvelle attente de trois années, l'inauguration définitive du buste d'Augustin Fresnel aura lieu le 14 septembre 1884, à l'occasion du Concours agricole tenu par la Société libre de l'Eure (section de Bernay) dont est président M. le duc de Broglie.

Il est équitable de voir aujourd'hui accolés ces deux noms diversement illustres, lesquels, au siècle dernier, étaient liés par une double intimité constatée par les faits suivants :

Chacun sait que le père de notre physicien était architecte ; sa famille habitait la paroisse de Notre-Dame-de-Mathieu (diocèse de Bayeux). Vers 1784, il fut attiré à Broglie par le maréchal qui lui confia la direction des travaux a exécuter sur ses domaines (2).

---

(1) **Le** *Moniteur de Bernay,* nᵒ du 14 janvier.
(2) En 1790, J. Fresnel était architecte du château de Carentonne, près Bernay.

Le 20 janvier 1785, Jacques Fresnel
épousait Augustine-Charlotte-Marguerite-
Marie-Louise Mérimée qui, trois ans plus
tard, donnait le jour à l'enfant dont nous
nous occupons.

Or, la famille Mérimée (1) était aussi
étroitement liée avec les puissants châtelains de Broglie. François Mérimée, beau-
père de Jacques Fresnel, était avocat à
Broglie et probablement le régisseur de la
seigneurie. De son mariage avec Marie-
Louise Tillard il eut plusieurs enfants, dont
l'un, Thérèze-Jeanne-Victoire, baptisée le
14 octobre 1752, eut pour parrain : Victor
François duc de Broglie, représenté par
Jean-Jacques de Chaulieu, chevalier, seigneur du « Leisigneul », et pour marraine : Thérèse Gillette Loquet de Granville,
maréchale et duchesse de Broglie, veuve
de François-Marie de Broglie ; un autre,
Charles-François-Marie, baptisé le 18 septembre 1757 (2), fut également nommé
par François-Charles comte de Broglie,
et par Françoise-Louise de Nollent de Mal-
voue, épouse de Robert Chauvel (3), re-

---

(1) Nous pensons que cette famille était partie de Montreuil-l'Argillé et qu'elle vivait dans
l'intimité avec le seigneur du Lusigneul.

(2) C.-F.-M. Mérimée fut aussi avocat. En
1789, il était au château de Broglie et répondait
au nom des princes à propos des canons.

(3) Me Chauvel était « bailly de la haute justice et dûché de ce lieu. »

On aura une idée de l'esprit chicanier du
pays quand on saura qu'au 7 mars 1790, vingt-

présentée par Anastasie-Jeanne Savalette, épouse de Marie-François de Broglie, comte de Revel.

Ceci suffit pour pouvoir affirmer que la famille de Broglie ne fut pas étrangère au mariage de l'autre fille de François Mérimée avec Jacques Fresnel.

Il est donc convenable de reporter sur la Maison de Broglie une part de la gloire qui appartient au bourg de ce nom pour avoir vu naître dans ses murs Augustin Fresnel.

Pour notre part, nous sommes fier de pouvoir revendiquer comme compatriotes de naissance ce grand bienfaiteur de l'humanité, et son oncle et parrain Jean-François Mérimée, le peintre.

E. V.

(*Le Bernayen*. — 12 juillet 1884.)

deux avocats étaient inscrits au matricule du siège de justice de Broglie.

## CONCLUSION

Nous avions raison de dire, au commencement de cette incompléte notice, que les objections formulées le 20 avril dernier, ne nous semblaient pas fondées, eu égard au bon esprit des habitants de Broglie chez lesquels, Dieu merci, la reconnaissance n'est point encore un vain mot ; en effet, aux élections municipales du 5 mai, malgré toutes les manœuvres employées par ses adversaires, le chef actuel de l'illustre famille dont nous avons esquissé les qualités et les vertus, a été élu premier par 204 suffrages sur 206 votants, et, à l'unanimité, il a été à nouveau nommé maire du bourg de Broglie.

Nos compatriotes sont restés dignes de leurs aïeux, dont le dévouement pour les de Broglie n'a jamais failli depuis 150 ans.

C'est un honneur pour notre pays !

E. V**ELOTTE-BURNOUF**

*Achevé d'imprimer le mardi 22 Juillet 1884.*

www.ingramcontent.com/pod-product-compliance
Ingram Content Group UK Ltd.
Pitfield, Milton Keynes, MK11 3LW, UK
UKHW021636130726
13696UKWH00005B/2238